Piyâle Madra Ankara'da doğdu. Ortaöğrenimini bu kentte tamamladı. 1974'te Fransa'ya giderek eğitimini Grenoble'daki Ecole des Beaux-Arts'da sürdürdü. 1977'de D.G.S.A Uygulamalı Endüstri Sanatları Yüksekokulu grafik bölümünü bitirdi. Grafik çalışmalarını 1981'de Stockholm'da sürdürdü.

Madra, önce "Piknik" bantlarıyla tanındı. Piknik, 1982'de Milliyet'te başladı, ardından yaklaşık 10 yıl boyunca Cumhuriyet'te yayınlandı. 1992'de ise Türkçe ve İngilizce olarak kitaplaştı.

Piyâle Madra "Âdemler ve Havvalar"ına ise 1994'te Yeni Yüzyıl gazetesinde başladı. Gazetenin 1998'de yayın yaşamına son vermesi ile Radikal'e geçen "Âdemler ve Havvalar"ın ilk kitabı aynı yıl Yapı Kredi Yayınları'ndan çıktı. Piknik'ler de, Âdemler ve Havvalar da çizgi film oldular. Piknik'ler TRT 1'de, Âdemler ve Havvalar NTV'de yayınlandı. Piknik yurtdışına da açıldı. Yayın haklarını İspanyol Televizyonu "Canal Metro" satın aldı.

**SERGİLER**

1994 / Forte dei Marmi'de (İtalya) kişisel sergi.
"Premio Satira Politica" Politik Hiciv Ödülü.

1995 / 6. Ferrari (İtalya) Kadın Çizerler Bienali.

1995 / İstanbul Kadın Eserleri Kütüphanesi'nde kişisel sergi.

1995 / Gent'da (Belçika) kişisel sergi.

1996 / Heusent'de (Belçika) kişisel sergi.

1996 / İstanbul Galeri BM'de "A table" adlı karma sergi.

1997 / 7. Ferrari Kadın Çizerler Bienali.

1998 / Paris'te (Fransa) Türk Kadın Çizerler Sergisi

1998 / Berlin'de (Almanya) Türk Çizerler Sergisi.

Piyâle Madra

# ÂDEMLER VE HAVVALAR II

REMZİ KİTABEVİ

ÂDEMLER VE HAVVALAR / Piyâle Madra


Birinci Basım: 1999

Kapak düzeni: Ömer Erduran

ISBN 975-14-0725-7

Remzi Kitabevi A.Ş., Selvili Mescit S.3, Cağaloğlu 34440, İstanbul
Tel.: (212) 513 9424-25, 513 9474-75, Faks: (212) 522 9055
Web: www.remzi.com.tr
E-posta: post@remzi.com.tr

Remzi Kitabevi A.Ş. tesislerinde basılmıştır.

GENÇLERE...

BENIM ANNEMLE BABAM ÇOK KAVGA EDIYOR.
N'OLMUŞ YANI BENIMKILER DE EDIYOR.
AMA BENIMKILER HEP KAVGA EDIYOR.
OOO... BENIMKILER HEP AMA HEP EDIYOR.
BENIMKILER HER SABAH KAVGA EDIYOR.
O BIR ŞEY MI? BENIMKILER HEM SABAH, HEM AKŞAM KAVGA EDIYOR.
BU SABAH ANNEM BABAMA "TEMBEL ADAM" DIYE BAĞIRDI.
NEE?

BANA NE DEDİĞİNİ HATIRLIYOR MUSUN AYTEN? "BABAM BENİ SANA VERMEZSE, KAÇIR BENİ" DEMİŞTİN.
NİYE Kİ?

NİHAL HANIM, DİKKAT ETTİM SİZ SÜREKLİ OLARAK GEÇMİŞTE YAŞIYORSUNUZ.
GEÇMİŞTEKİ HAYATINIZDAN, ESKİ GÜNLERİNİZDEN KOPAMAMIŞSINIZ.
AMA GEÇMİŞ GERİDE KALDI. ŞİMDİ ARTIK BUGÜN, BU AN VAR.
SİZE TAVSİYEM, YAŞADIĞINIZ ŞU ANI EN İYİ ŞEKİLDE DEĞERLENDİRMENİZ.

BABA BİZ ESRA'YLA EVLENMEK İSTİYORUZ.
GEL OTUR BAKAYIM ŞÖYLE, BU ÖNEMLİ BİR MESELE.
ESRA'YI SEVDİĞİNDEN EMİN MİSİN?
EVET BABA, EMİNİM.
ŞİMDİ 23 YAŞINDASIN. EN AZ 40 SENE ONUNLA BİRLİKTE YAŞAMAYA HAZIR MISIN?
YANİ BİR ÖMÜR ESRA'YLA AYNI EVİ PAYLAŞMAYA, BİRLİKTE YİYİP İÇMEYE, BİRLİKTE GEZMEYE, HER ŞEYİ AMA HER ŞEYİ ONUNLA PAYLAŞMAYA HAZIR MISIN?
NE DİYORSUN BABA YAA...

5x8=
6x6=

5x8=
6x6=
ALTI KERE ALTI
OTUZALTI
DEDEMİN BIYIĞI
YOLDA KALDI
ÇÖPÇÜ ALDI
GÖTÜRDÜ
DEDEM BIYIKSIZ
KALDI..

CANIM ÇOK SIKKIN.
AYŞEN'E, KEMAL'E ÂŞIK OLDUĞUMU SÖYLEMİŞTİM. KEMAL'İN HAYATIMIN ERKEĞİ OLDUĞUNU, ONU GÖRMEDEN BİR GÜN BİLE DURAMADIĞIMI SÖYLEMİŞTİM.
AYŞEN, BÜTÜN BUNLARI EBRU'YA SÖYLEMİŞ. EBRU DA GELDİ BANA SÖYLEDİ.
NE DEDİ?
GÜYA, BEN KEMAL'İ SEVİYOR-MUŞUM.

DÜN BALIK PAZARINDA YENİ ÇIKAN MEYVELERİ GÖRÜNCE ESİN GELDİ
SENİN İÇİN BİR ŞİİR YAZDIM.
DÜN BALIK PAZARINDA ÇAĞLALAR BANA GÖZLERİNİ HATIRLATTI SEVGİLİM.
KİRAZLAR DUDAKLARINI
ERİKLER GÜLÜŞÜNÜ
ŞEFTALİLERSE TENİNİ HATIRLATTI SEVGİLİM
ŞEFTALİ ÇIKMIŞ MI?

EVEET... BAKALIM FALINDA NE ÇIKMIŞ?
OOo... BURADA BİR ADAM GÖRÜYORUM.
ÇOK YAKINDA BİRİYLE TANIŞIP ÂŞIK OLACAKSIN.
BAK ŞURADA GÖRÜYOR MUSUN?
GÖREMİYORUM.

BAK ŞU BEYAZLIĞIN TAM ORTASINDA DURUYOR.
UZUN BOYLU, ESMER, DALGALI SAÇLI...
AY... BEN BÖYLE YAKIŞIKLI BİRİNİ HİÇ GÖRMEDİM.
HOP... HOP!

BU ÖYLE BİR ÇARK Kİ YAŞAMIYORUZ, SADECE GÜNE HIZLA BAŞLAYIP, AYNI HIZLA BİTİRİYORUZ.
İNCELİKLERE AYIRACAK VAKİT YOK. HIZLA ÇALIŞIP, HIZLA YEMEK YİYİP, HIZLA TÜKETİYORUZ.
HATTÂ HIZLA SEKS YAPIYORUZ.
AY... EVEEET!

YİNE ZAM İSTEYEMEDİN TABİİ!
BAKTIM MÜDÜR KARŞIDAN GELİYOR.
HEMEN GÜLÜMSEDİM.
"MERHABA MÜDÜRÜM, SİZDEN ZAM İSTİYORUM" DEDİM.
EEE?.. NE DEDİ?

... VE BU SEVİMLİ KURBAĞA, PRENSESİN EN YAKIN ARKADAŞI OLMUŞ.
BÜTÜN GÜN BİRLİKTE OYNUYOR, BİRLİKTE YEMEK YİYOR, BİRLİKTE UYUYORLARMIŞ.
SONRA BİR GÜN PRENSES KURBAĞAYI ÖPMÜŞ VE KURBAĞA ÇOK YAKIŞIKLI BİR PRENSE DÖNÜŞMÜŞ.
PEKİ KURBAĞAYA NE OLMUŞ?
DEDİM YA! KURBAĞA YOK OLMUŞ, YERİNE PRENS GELMİŞ.
BÖÖÖÖÖ...

SEN ASLINDA BANA BENZİYORSUN. İÇİNDE MÜTHİŞ GÜZELLİKLER VAR AMA DIŞARI ÇIKARMIYORSUN.
NEDEN? ÇÜNKÜ SEN DE BENİM GİBİ YARALISIN... ALDATIL_ MIŞSIN... ACI ÇEKMİŞSİN.
NE DİYORSUN ABİ YAA!

KURDELEME Mİ BAKIYORSUN?
AL SENİN OLSUN.

DÜN GECE KAFAM BİR ŞEYE TAKILDI, HİÇ UYUYAMADIM. BEN RAKIDAN NEFRET EDERİM AMA HER AKŞAM SAMİ'YLE RAKI İÇİYORUM.
SONRA MAÇ SEYRETMEKTEN HİÇ HOŞLANMAM AMA SAMİ'YLE OTURUP MAÇ SEYREDİYORUM.
DÜN GECE, BEN BÜTÜN BUNLARI NİYE YAPIYORUM DİYE DÜŞÜNDÜM AMA BİR TÜRLÜ BULAMADIM.
SEN EVLİ BİR KADINSIN NİMET.
YAŞŞA!

YİNE DEPRESYONA GİRDİM.
BU SABAH CANIM HİÇ YATAKTAN ÇIKMAK İSTEMEDİ.
YAPMAM GEREKEN BİR YIĞIN İŞ VAR AMA YİNE DE YATAKTA KALMAK İSTEDİM.
YATAKTA BİRİ Mİ VAR?

KESİNLİKLE ZENGİN BİRİYLE EVLENECEĞİM.
PARA HESABI YAPMAKTAN BIKTIM, ANLIYOR MUSUN?
GÜZEL YERLERDE GEZİP TOZMAK, VİLLALARDA OTURMAK,
TEKNELERLE DOLAŞMAK, GÜZEL KIYAFETLER GİYMEK İSTİYORUM.
PEKİ, YA KARŞINA ŞÖYLE ZÜĞÜRT AMA YAKIŞIKLI VE ROMANTİK BİRİ ÇIKAR DA ONA ÂŞIK OLURSAN?
AY... ÇOK KÖTÜSÜN ÇOK KÖTÜSÜN...

ŞU MEZARLIĞA BAKSANA, HUZUR İÇİNDE. ORADAKİLER ŞİMDİ HAYATIN ZORLUKLARINDAN UZAK, DERTSİZ UYUYORLAR.
ÖYLE DEME... ONLAR ARTIK RÜZGÂRIN ESİNTİSİNİ HİSSEDEMİYORLAR. SABAHIN İLK IŞIKLARINI, BİR ÇOCUĞUN GÜLÜMSEYİŞİNİ, BİR KADININ GÖZLERİNDEKİ PIRILTIYI ARTIK GÖREMİYORLAR.
VAY CANINA! SEN NEYMİŞSİN BE ŞÜKRÜ!

BİR KÖPEK OLMAK İSTERDİM. KÖPEKLER NE YARINI NEDE DÜNÜ DÜŞÜNÜR. ONLAR SADECE ŞİMDİYİ YAŞAR.
BİZLERSE GÜNÜMÜZÜ GELECEĞE YÖNELİK PLANLAR YAPARAK GEÇİRİRİZ VE ŞİMDİYİ ATLARIZ.
ONUN İÇİN KÖPEK OLMAK İSTERDİM.
HANGİ CİNS?

GÖRDÜĞÜNÜZ GİBİ ÇOCUKLAR BU BİR İNSAN İSKELETİ.

YANİ BENİMKİ DE BÖYLE Mİ ÖĞRETMENİM?
ELBETTE YAVRUM.

VİSCONTİ'NİN "VENEDİK'TE ÖLÜM"ÜNÜ SEYRETTİKTEN SONRA GERÇEKTEN DEĞİŞTİĞİMİ HİSSETTİM SEDATCIĞIM.
BİR DE ULYSSES'İ OKUDUKTAN SONRA DEĞİŞTİM. BEN O ESKİ REFİK DEĞİLDİM ARTIK.
EVET... DEĞİŞTİN... ÇOK DEĞİŞTİİİN!

anneciğim
Canım anneciğim
Sen çok güzelsin
Sen çok meleksin
Sen en iyi annesin
Bana bağırmazsın
Bana hiç kızmazsın
Ben ne yaparsam
yapayım beni afedersin
Olsun ne yapalım dersin

SEN DE BU TAKINTI HALİNİ ALMIŞ İLLA Kİ SON SÖZÜ SEN SÖYLEYECEKSİN.
BU HUYUNDAN HİÇ Mİ HİÇ VAZGEÇMİYORSUN.
ŞAH VE MAT.
İŞTE YİNE İŞTE YİNE!

EVET. YANLIŞ DUYMADINIZ. ERCAN'LA BOŞANMAMIZIN TEK NEDENİ AŞKIMIZIN BİTMİŞ OLMASI.
45 SENEDİR EVLİSİNİZ VE 45 SENEDİR BİRBİRİNİZE RAHAT HUZUR VERMEDİNİZ.
KEŞKE SİZ DE BİRBİRİNİZE OLAN AŞKINIZ BİTİNCE BOŞANSAYDINIZ.
EMİNİM DAHA MUTLU OLURDUNUZ. YENİ İNSANLAR TANIYIP, YENİ AŞKLAR YAŞARDINIZ. SENELERİNİZ BÖYLE HEBA OLMAZDI.

EBRU, BOYNUNDAKİ O KOLYE DE NE ÖYLE?
BU KALPTEN BİR KOLYE. YARISI BENDE, YARISI AYŞE'DE. BENİMKİNDE "EN İYİ" YAZIYOR..
AYŞE'NİNKİNDE DE "ARKADAŞIM" YAZIYOR. İKİSİ BİRLEŞİNCE "EN İYİ ARKADAŞIM" OLUYOR.
NE GÜZEL!
PEKİ, AYŞE NEREDE ŞİMDİ?
KÜSTÜK.

AĞLAYIP DURMA LÜTFEN. BU İŞTE KOCANIN BİR KABAHATİ YOK. O ÇOCUKLUĞUNDAN BERİ BÖYLE GÖRMÜŞ.
KABAHAT, KOCANI ERKEK İDEOLOJİSİNE GÖRE YETİŞTİRENLERDE.
YANİ ONU BÖYLE YETİŞTİREN KAYINVALİDE VE KAYINPEDERİNDE.
BİLİYORDUM ZATEN ONLAR BENİ HİÇ SEVMEDİLEER...

AA... LEYLACIĞIM NE OLDU? HASTA MISIN?
BİLİYOR MUSUN, BEN SENİN GİBİ OLMAK İSTERDİM.
BENİM GİBİ Mİ? NİYE?
BOŞVER. ANLATMASI ÇOK ZOR.
AAA... DARILIRIM AMA. HADİ ANLAT.
BEN KENDİ VARLIK NEDENİMİ SORGULAYIP DURUYORUM.
NASIL YANİ?
BEN KİMİM? NİYE VARIM? VARLIK NEDENİM NEDİR? GİBİ SORULAR SORUYORUM İŞTE.
HAH.. HAH.. HAH! ALLAH İYİLİĞİNİ VERSİN!
NERDEN DE AKLINA GELİR BU ACAİP SORULAR?
HADİ SÖYLE BAKIIM BANA, NİYE BENİM GİBİ OLMAK İSTERDİN?

EY DAĞLAR GÖKYÜZÜ VE DENİZ...
BEN ÂŞIK OLDUM... ÂŞIK!
O DA SENİ SEVİYOR MU?

BÖYLE OLACAĞI BELLİYDİ. HİÇBİR ŞEYE UYUM SAĞLAYAMAZ OLMUŞTU.
ÖNCELERİ OTOBÜSTE YAŞLILARA YER VERMEYEN GENÇLERİ İKAZ EDİYORDU. TANIMADIĞI İNSANLAR KENDİSİNE "SEN" DİYE HİTAP ETTİĞİ ZAMAN UYARIYORDU.
DAHA SONRALARI GAZETE VE TELEVİZYONLARA FAKSLAR YAĞDIRMAYA BAŞLADI. SON GÖRDÜĞÜMDE DE YERDEKİ TÜKÜRÜKLERİ SAYIYORDU.
SONUNDA GEÇEN GECE SİNİR KRİZİ GEÇİRDİ, HASTANEYE KALDIRDILAR.
ŞİMDİ NASIL?
DAHA İYİ. PSİKİATRI ONU TOPLUMA KAZANDIRMAYA ÇALIŞIYOR.

OKULDAN NEFRET EDİYORUM.
DERSLERDEN NEFRET EDİYORUM, ÖDEVLERDEN NEFRET EDİYO-RUM.
CARPIM TABLOSUNDAN VE BÖLGELERİMİZDEN NEFRET EDİYO-RUM.
SEN DE O ZAMAN OKULA GİTME.
EBRU N'OLCAK?

BUĞULU BİR İSTANBUL AKŞAMINDA KIZLA ADAM BİRLİKTE YÜRÜYORLARDI.

BİRDEN YAĞMUR BAŞLADI.

ADAM ŞEMSİYESİNİ AÇTI "ISLANACAKSIN, GEL" DEDİ.

KIZ ADAMA SOKULDU. ADAMIN NEFESİNİ YÜZÜNDE HİSSEDİYORDU. ARALARINDAKİ ELEKTRİK DAYANILMAZDI.
ADAMIN EVİNE ÇOK YAKINDILAR. İKİSİ DE AYNI ŞEYİ DÜŞÜNÜYORDU. VE ADAM BEKLENEN SORUYU SORDU.
AFEDERSİNİZ SAATİNİZ KAÇ ACABA?
OLUR.

KOCAM ZEYNEP'LE MELEK'TEN HİÇ HOŞLANMIYOR. "HER GECE FLÖRTLERİYLE DİSKOLARDA TEPİNİYORLAR" DİYOR.
SEMA'YLA KIZ KARDEŞİNİ DE ÇOK UÇARI BULUYOR. HABİRE SEVGİLİ DEĞİŞTİRİYORLAR DİYE ONLARA DA ÇOK KIZIYOR.
EN ÇOK SENİ SEVİYOR. SENİ ÇOK AKLIBAŞINDA BULUYOR.

BEN AŞKSIZ YAŞAYAMAM ONUNLA AYNI GÖKYÜZÜNÜN ALTINDAYIZ BİLİYORUM.
BELKİ BİRAZ ÖNCE O KIZIL SAÇLARINI SAVURARAK BURADAN GEÇTİ.
BELKİ DE BİRAZ ÖNCE ŞU KİTAPÇIDAN BİR KİTAP ALDI.
AMA ELİNİ TUTAMIYORUM...
O BİLLUR SESİNİ DUYAMIYORUM... GÖZLERİNİN YEŞİLİNE DALAMIYORUM..
NEDEN BERABER DEĞİLSİNİZ?
KİMİNLE?

ŞİMDİKİ GENÇLER ARASINDA "KENDİNİ SEV, KENDİN İÇİN YAŞA" MODASI VARMIŞ.
NASIL YANİ?
MESELÂ, KENDİLERİNE HEDİYE ALIYOR, KENDİLERİNİ SEVİNDİRİYORLARMIŞ.
HADİ GEL BİZ DE KENDİMİZİ SEVİNDİRELİM.
NASIL YAPACAĞIZ?
BULDUM! ÇOCUKLARI YEMEĞE ÇAĞIRALIM.
YAŞŞA!

HAYAT ÇOK GARİP BE LEYLACIĞIM. ÜZÜNTÜLER VE SEVİNÇLER, HEPSİ İÇİÇE... BAŞLAYAN VE BİTEN AŞKLAR,
BİR BAKIŞLA KENDİNDEN GEÇİŞLER. DERKEN BİR SÖZLE ACILARA BOĞULMALAR...
AY... BEN BU ACILARI FİLAN HİÇ BİLMİYORUUM...

YOK ŞEKERİM, ARTIK KABUL ETMELİYİZ Kİ FEMİNİZM İFLAS ETTİ.
BİZLER BU İŞİ BAŞARAMADIK, ANLIYOR MUSUN BAŞARA-MADIK.
ÇOK MU MAÇO BİRİ?
EVET.

AAAGHH!

BİR BERBER BİR BERBERE GEL BERABER BİR BERBER DÜKKÂNI AÇALIM DEMİŞ.
ŞU YOĞURDU SARIMSAKLASAK DA MI SAKLASAK, YOKSA SARIMSAKLAMASAK DA MI SAKLASAK.
PORTAKALI SOYDUM BAŞUCUMA KOYDUM.
BRAVO... BRAVO!
ŞAK.. ŞAK..

ANNECİĞİM BEN NASIL OLDUM?
ANLATAYIM CANIM..
SEN, BENİM VE BABANIN BİRLİKTELİĞİNDEN OLDUN.
YANİ BİZ BİRBİRİMİZLE ÇOK YAKINLAŞTIK VE BUNUN SONUCUNDA SEN OLDUN.
NASIL YANİ?
YANİ BEDENLERİMİZ ÂDETA BİR BÜTÜN OLDU VE ONDAN BANA GEÇEN BİR MİNİK TOHUM...
HADİ GEL İÇERİ GİDELİM!

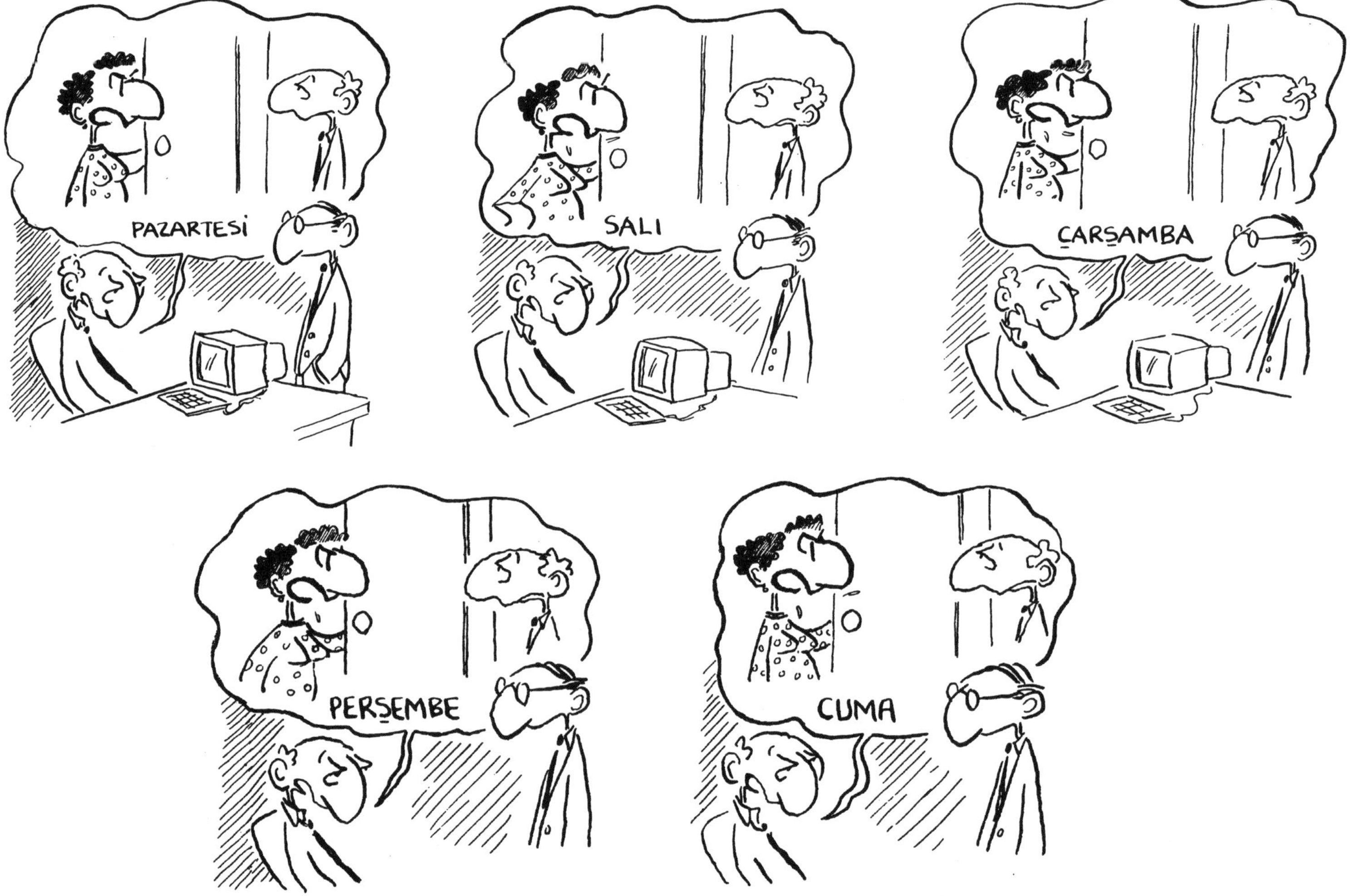
PAZARTESİ
SALI
ÇARŞAMBA
PERŞEMBE
CUMA

CUMARTESİ, PAZAR?

KORKUNÇ BİR RÜYA GÖRDÜM...
BİR KÂBUS.
SEN BENİ BIRAKIP BİR SARIŞINA GİDİYOR_MUŞ_SUN.
KADINI DA GÖRDÜM, ÇOK GÜZELDİ.
YAPMA YAHU!

GEÇEN YILBAŞI BABAM BANA BİLGİSAYAR ALDI.
ANNEM DE KOCAMAN BİR BEBEK ALDI.
DEDEM DE BİSİKLET ALDI.
SANA NE ALDILAR?
ELİM SENDEE!

YILLARDIR SANA SAÇIMI SÜPÜRGE EDİYORUM.
ÇOCUKLARI BÜYÜTEN BEN, EV İŞLERİNİ YAPAN BEN,.. ALIŞVERİŞİ YAPAN BEN.
SENİ DÖVMEYEN BEN, SENİ ALDATMAYAN BEN.

BİRBİRİMİZİ TAM 10 GÜNDÜR GÖRMÜYORDUK.
AYŞE'NİN PARTİSİNE GİTTİM, SALONDAN İÇERİ GİRDİM,
ŞÖYLE BİR BAKTIM VE ONU GÖRDÜM.
GÖZLERİMİZ BİRBİRİNE TAKILDI... SANKİ ŞİMŞEK ÇAKTI, GÖK GÜRLEDİ
VE ONU BİRDEN YANIMDA BULDUM. KOLUMA GİRDİ VE "HADİ BANA GİDELİM" DİYE FISILDADI.
GERİSİNİ TAHMİN EDERSİN.
HAYIR, EDEMİYORUM.

Ahmet Bey
Ben eski bir adam olduğum için size fax yollamıyorum.
e-mail de göndermiyorum.
Benim için en güzel haberleşme yöntemi düz beyaz bir kâğıda dolmakalemle yazılan mektup.
Birazdan postahaneye gidip mektubunu postaya vereceğim.
Postacı da size bunu ulaştıracak.
Ne güzel değil mi?
Saygılarımla
Sedat Kuzu

BENİM İÇİN CİNSELLİK ÇOK ÖNEM_ LİDİR.
BENİM İÇİN DE ÇOK ÖNEMLİ.
BENİM İÇİN DE.
BEN EVLİYİM.

SÖYLESENE EBRU BEN SENİN NEYİNİM?
SEN BENİM İÇİN ÖNCELİKLE BULUNMAZ BİR DOSTSUN. BAŞIM SIKIŞINCA YARDIM İSTEYEBİ_ LECEĞİM TEK İNSANSIN.
GÜNÜN BİRİNDE ÇOK PARAYA İHTİYA_ CIM OLSA, BİLİRİM Kİ SEN VARSIN. O GÜZEL EVİNİ SATAR YİNE DE O PARAYI BANA BULURSUN. BÖYLE BİRŞEYİ BU DEVİRDE KİM YAPAR Kİ?
HMM... CANIM BENİM!

HİSSEDİYORUM... BU KOSKOCA ŞEHİRDE BANA GÖRE BİRİ VAR. SEVEBİLECEĞİM, ANLAŞABİLECEĞİM BİRİ.
GÜÇLÜ VE DUYARLI BİRİ.
HEEY... BENİMKİ NERDEYSEN GEL ARTIK!
SENİ BEKLİYORUM!
BEN GİTSEM İYİ OLACAK.

AMAN DİKKAT ET! ARABAYI SARSALAMA.
ÇOK HASTA, UYUYOR.
AKŞAM YATMADAN ÖNCE IHLAMUR İÇİRDİM, SİRKELİ SUYLA KOLLARINI BACAKLARINI OVDUM.

GECE DE HİÇ UYUMADIM, BAŞINDA BEKLEDİM, ÇOK ATEŞİ VARDI.

BÜTÜN BUNLAR ÇOK SAÇMA. O İNSAN DEĞİL Kİ SADECE OYUNCAK BİR BEBEK.

MERAKTAN ÇILDIRACAĞIM ANLAT ÇABUK
NELER OLDU ?
ÖNCE BAHARATLI VINAIGRETTE SOSLU SOMON FÜME YEDİK.
NE YEDİĞİNİ BOŞ VER. NELER OLDU ONU ANLAT.
SONRA "VOL AU VENT" YEDİK.
EVLENME TEKLİF EDECEK DİYORDUN, NE OLDU?
TATLI OLARAK DA...
BOŞ VER TATLIYI, EVLENME TEKLİF ETTİ Mİ, ONU SÖYLE.
MANGO SOSLU KEK YEDİK!

BEN TAM 3 DEFA EVLENDİM.
BİRİNCİ KARIM BENİM EN YAKIN DOSTUM VE SIRDAŞIMDIR.
İKİNCİ KARIMLA DA MÜTHİŞ ANLAŞIRIZ. BİRLİKTE ÇOK GÜLERİZ.
İKİSİNİ DE ÇOK SEVERİM.
YA ÜÇÜNCÜ KARIN?
ONUNLA HENÜZ EVLİYİZ.

SİZ NE BİÇİM BİR NESİLSİNİZ BÖYLE? BIRAKIN DÜNYADA NELER OLUP BİTTİĞİNİ
MEMLEKETİNİZDE NELER OLDUĞUNDAN BİLE BÎHABERSİNİZ. HİÇBİR ŞEY BİLMİYORSUNUZ, HİÇBİR ŞEYDEN HABERİNİZ YOK.
BİLGİSİZ VE KÜLTÜRSÜZSÜNÜZ. TEK BİLDİĞİNİZ TELEVİZYONUN KARŞISINA GEÇİP ZAPTING YAPMAK.
"ZAPTING" DEĞİL BÜYÜKBABACIĞIM "ZAPING".

BiZ DE OYNAYALIM MI?
HAYIIR..

BENİ BAŞKALARIYLA KARŞILAŞTIRMA... BEN BAŞKALARINA BENZEMEM.
BEN DİĞERLERİNDEN FARKLIYIM, BUNU BİL.
HİÇBİR ZAMAN SIRADAN BİRİ OLAMADIM.
SEN BENİ NE SANIYORSUN, BEN KİMSEYE BENZEMEM.
SEN BENİ BİRİNE BENZETTİN GALİBA.

HAYATTA NE İSTEDİYSEM ELDE ETTİM. AMA YİNE DE ZAMAN ZAMAN İÇİMİ BİR TATMİNSİZLİK DUYGUSU KAPLIYOR.
BANA DA OLUYOR... ŞEY GİBİ... SANKİ HER ŞEY BOŞ VE ANLAMSIZ GİBİ.
AY! EVET. AYNI ŞEY BANA DA OLUYOR. BİR ANDA HER ŞEY ANLAMINI YİTİRİYOR GİBİ.
EVET. BİLİYORUM. KORKUNÇ BİR HİS. SANKİ YAŞAMIN ANLAMI KAYBO-LUYOR.
ÇAK! ÇAK... ÇAK!

...SONRA PAMUKPRENSES VE PRENS EVLENİP MUTLU OLMUŞLAAAR...
SİNDRELLA DA EVLENİP MUTLU OLMUŞ, Dİ Mİ ANNECİĞİM?
EVET CANIM.
RAPUNZEL DE EVLENİP MUTLU OLMUŞ.
EVET YAVRUM
BEN DE EVLENİP MUTLU OLACAĞIM.
AH..CANIM, İNŞALLAH!
İNŞALLAH YAVRUM İNŞALLAH!

HADİ ŞU FALIMA BİR BAK.
YALNIZ KÖTÜ ŞEYLER GÖRÜRSEN SÖYLEME, ZATEN CANIM ÇOK SIKKIN.

40 YAŞ NEDİR Kİ? BEN ASIL 40 YAŞINDAN SONRA YAŞAMAYA BAŞLADIM.
HAYATIN ANLAMINI KAVRADIM. KENDİMİ VE KİŞİLİĞİMİ BULDUM.
40 YAŞ ÇOK GÜZEL BİR YAŞ. 40'INDAN SONRA BAKIŞ AÇINLA BİRLİKTE HER ŞEY BİRANDA DEĞİŞİP GÜZELLEŞİYOR.
ÜFF.. NE FENA. BENİM DAHA İKİ SENEM VAR.

O KADAR UTANGAÇ BİR ADAM Kİ ONU YEMEĞE BEN DAVET ETTİM.
YEMEKTEN SONRA "KAHVE İÇMEYE BANA GİDELİM Mİ?" DİYEN YİNE BEN OLDUM.
KANEPEDE ONU ÖPEN YİNE BENDİM.
NE?
HATTÂ ONU YATAK ODASINA GÖTÜREN DE BEN OLDUM
OLAMAZ!
AMA DUR BİR DAKİKA BİTMEDİ, DİNLE BAK.
SON HAREKET ONDAN GELDİ!

ETRAFIMA BAKIYORUM DA KİMSE NORMAL DEĞİL... MESELÂ SEDAT HASTALIK HASTASI.
EBRU KAFAYI TİTİZLİKLE BOZMUŞ. OSMAN DERSEN ASANSÖRE BİNEMEZ, UÇAĞA BİNEMEZ.
AMAN, ÇOK ŞÜKÜR BUNLARIN HİÇBİRİ BENDE YOK.
TAK.. TAK!
TAK.. TAK TAK.. TAK
TAK.. TAK.. TAK..

Hi..Hi..Hi!
Hi..Hi..HiH!

KADINLAR GÜNÜN KUTLU OLSUN YAVRUM!
OH! SEDAAT...

MARQUEZ'İ NİYE SEVERİM BİLİR MİSİNİZ ÇOCUKLAR? ÇÜNKÜ MARQUEZ'DE ŞİİR VARDIR, ALEGORİ VARDIR, DOĞAÜSTÜ VARDIR.
VE MARQUEZ KÜBİZMDE OLDUĞU GİBİ HER ŞEYE AYNI ANDA HEM ALTTAN, HEM ÜSTTEN, HEM DE YANDAN BAKAR. DÜŞLE GERÇEK ONUN ROMANLARINDA İÇİÇEDİR.
AMAN DA AMAN... BENİM GEVEZE KARGAM NELER DE BİLİRMİŞ ÖYLE.. NELER DE BİLİRMİŞ!

OSMAN, NASIL SEVECEN BİRİ ANLATAMAM.
MÜTHİŞ GÜVEN VEREN BİR TARAFI VAR. ÇOK YUMUŞAK BİR İNSAN.
ONUN OMZUNA YAS_ LANINCA BÜTÜN DERTLERİMİ UNUTUYORUM.
İÇİMİ BİR FERAHLIK VE GÜVEN DUYGUSU KAPLIYOR.
BİR KERECİK DE BEN YASLANABİLİR MİYİM?

SONBAHAR BANA HÜZÜN VERİR.
BANA GEÇMİŞİMİ HATIRLATIR. PİŞMANLIKLARIMI, ISKALADIKLARIMI, ÇEKTİĞİM ACILARI BANA YENİDEN YAŞATIR.
BEN SENİN GİBİ DEĞİLİM. BAK ŞU YAPRAĞI GÖRÜYOR MUSUN?
İŞTE O BİR TEK YAPRAĞIN RENGİ BENİ ÇILDIRTIR... BENİ CANLANDIRIR... BENİ UÇURUR!
HANGİSİ O?

BİLİYOR MUSUN, BEN BİR KERESİNDE KAYBOLDUM. AKŞAMA KADAR SOKAKLARDA DOLAŞTIM AMA EVİMİZİ BULAMADIM.
B C D E F G
SONRA BİR SÜRÜ KÖPEK BENİ KOVALADI... BEN DE AĞACA TIRMANDIM.
GECE OLUNCA AĞAÇTAN İNDİM ÇÖP BİDONLARININ ARKASINA SAKLANDIM. MİNİK BİR KEDİ KUCAĞIMA ÇIKTI.
SONRA GÖK GÜRLEDİ... ŞİMŞEK ÇAKTI.. YAĞMUR BAŞLADI ÇOK KORKTUM.

ÇOK ÜŞÜDÜM, DİŞLERİM TAKIR TAKIR BİRBİRİNE VURUYORDU
ATEŞİM ÇIKMIŞ, BAYILMIŞIM. BENİ BULUP EVE GETİRMİŞLER.
O MİNİK KEDİ NE RENKTİ?

HADİ GEL...
BİR YERDE BİR
ŞEYLER YİYELİM.
SENİNLE YEMEK
FİLAN YEMEM
BEN.
HADİ AMA
UZATMA.
ALT TARAFI
BİR YEMEK.
SEN GİT, O
SARIŞINLA YE YE-
MEĞİNİ

ÇAĞLAR BOYU, CİNSELLİK ERKEK EGEMEN TOPLUMLARA MAL EDİLMİŞ OLUP
KADINLARIN CİNSEL İHTİYAÇLARI YOK SAYILMIŞTIR.
KADININ DA CİNSELLİĞİNİ YAŞAMASI ONUN EN DOĞAL HAKKIDIR.
SENİ GİDİ SENİİİ!

BAK ŞU DA ANNEANNEMLE DEDEMİN NİKÂH FOTOĞRAFLARI.
DERLER Kİ ANNEANNEM, DEDEMLE EVLENİP EVLENMEME KONUSUNDA UZUN ZAMAN KARARSIZ KALMIŞ.
BENCE ANNEANNEMİN İD'İYLE EGOSU ÇATIŞMA HALİNDEYMİŞ SONUNDA SÜPEREGOSU KAZANMIŞ.
AY... O ZAMANKİLERİN SÜPEREGOSU FİLAN VAR MIYMIŞ?

BEN BÜYÜYÜNCE ÖĞRETMEN OLACAĞIM.
ÇARPIM TABLOSUNU BİLMEYENLERE HİÇ KIZMAYACAĞIM.
BURNUNU KARIŞTIRAN, TIRNAĞINI YİYEN ÇOCUK-LARA HİÇ BAĞIRMA-YACAĞIM.
SONRA HİÇ ÖDEV VER-MEYECEĞİM.
BENİM ÖĞRETMENİM OLUR MUSUN?

BİR SIKINTIN, BİR DERDİN OLURSA, BENİ ARA.
HİÇ ÇEKİNME, NEREDE OLURSAM OLAYIM HEMEN KOŞUP GELİRİM VE HER KONUDA SANA YARDIMCI OLURUM.
SANA AÇIK ÇEK.
ÇEK Mİ?

ŞU "VÜCUT DİLİ" DENEN ŞEY ÇOK ENTERESAN BİR ŞEY ENİS BEY.
DUDAKLARIMIZ "HAYIR" DERKEN, ELLERİMİZ KOLLARIMIZ ASIL SÖYLE_ MEK İSTE_ DİĞİMİZİ SÖYLÜYOR.
NEYSE BOŞVERİN ŞİMDİ BUNLARI HADİ GİDİP YEMEK YİYELİM.
ÜZGÜNÜM GELEMEM. BİTİRMEM GEREKEN O KADAR ÇOK İŞ VAR Kİ.
ELLERE DİKKAT... ELLERE DİKKAT!

AA... KİM GELMİŞ!
İŞTE SİZE BAHSETTİĞİM KEDİM BU, ÖNDER BEY.
NERELERDESİN SEN HA? ÖZLEDİM SENİ!
ÜŞÜMÜŞSÜN, HADİ GİR KOYNUMA DA ISIN BİRAZ.
ERKEK Mİ BU?

GEL SENİNLE LIGHT TAKILALIM DEDİM.
"O DA NE DEMEK?" DEMESİN Mİ?
"LIGHT İŞTE YA... ANLASANA" DEDİM.
"ANLAMADIM İNAN BANA" DEDİ.
EE...SONRA?
EVLENİYORUZ ABİ!

AŞK MEŞK BİZDEN GEÇMİŞ ARTIK.
ARTIK BİZİM KABUĞUMUZA ÇEKİLME ZAMANIMIZ.
BİZ O DEFTERLERİ KAPADIK.
BU TİP ŞEYLER BİZE UZAK ARTIK.

UNUMUZU ELEDİK
ELEĞİMİZİ ASTIK.
BÖYLE ÇOK
HUZURLUYUZ.
ŞEY... BEN BİRİYLE
ÇIKIYORUM.
OLDU MU YA!
OLDU MU YA!

Adam yatağa uzanıp kadının elbiselerini çıkarmasını izledi.
Kadın önce bluzunu çıkardı.
içine sütyen giymemişti.
Daha sonra eteğini sıyırdı. Minicik bir külotla kaldı.
YİNE NELER YAZIYORSUN ÖYLE, VER BAKAYIM.
Adam:
— Hadi bekletme beni karıcığım gel artık yanıma dedi.

AÇARMIŞ O GÜZEL AĞZINIIII...MAMASINI YERMiiiŞ..
MAMASINI YERSE ABLASI ONA BALON ALACAKMIIIŞ TOP ALACAKMIIIIŞ...
HAM YAPARSA EĞER ABLASI ONU BU GECE KOYNUNDA YATIRACAK-MIIIIŞŞ...
BERABER YATAKTA BUGi BUGi YAPACAK-LARMIIIIŞ...

"EVLİLİK AŞKI ÖLDÜRÜR" DERLERDİ, PALAVRAYMIŞ.

ANNEMLE BABAM BOŞANIYOR.
AA... SENİNKİLER DAHA YENİ Mİ BOŞANIYOR?
BENİMKİLER BOŞANALI 2 SENE OLUYOR.
BENİMKİLER BEN BEBEKKEN BOŞANMIŞ.
BENİMKİLER DE YARIN FİLAN BOŞANIYOR.

ŞUNU UNUTMAMALI Kİ ÜZERİNDE BULUNDUĞUMUZ BU GEZEGENDE HİÇ KİMSE MÜKEMMEL DEĞİLDİR.
MÜHİM OLAN İNSANIN KENDİNİ HATALARIYLA KABUL EDİP SEVMESİDİR. MESELA BEN, SORUMSUZ BİR İNSANIM. BANA GÜVENİLMEZ, TEMBELİM, SIKIŞINCA YALAN SÖYLERİM VE DENGESİZİM.
HEY... NEREYE?

EROL LEYLA'YI BİR SARIŞINLA ALDATIYORMUŞ. LEYLA ÜZÜNTÜDEN TAM 7 KİLO VERDİ.
MELEK DE KOCASINI OFİSTE SEKRETERİYLE YAKALAMIŞ. ERKEKLERE HİÇ GÜVEN OLMUYOR.
AMA BENİM KOCAM Bİ TANEDİR. BENİ ALDATMAK ŞÖYLE DURSUN KİMSELERE DÖNÜP BAKMAZ BİLE.

"HER GÜZEL ŞEYDE SENİ GÖRÜYORUM" DEDİ.
"ÇİY DAMLALARI, YAĞMURUN SESİ, AYIŞIĞI SENİ BANA HATIRLATIYOR, SEN BENİM BİRİCİĞİMSİN" DEDİ.
SONRA DA BANA EVLENME TEKLİF ETTİ.
OOOOO!

BANA "HAYIR" DİYORSUN...
AMA FARKINDA DEĞİLSİN GÖZLERİN BANA EVET DİYOR.
YÜZÜNÜN HER ÇİZGİSİ BANA EVET... EVET DİYE BAĞIRI-YOR.

BENİM BİR GERÇEK ANNEM VAR, BİR DE ÜVEY ANNEM VAR.
SONRA BENİM İKİ BABAM VAR.

BİRİ GERÇEK BABAM ÖTEKİ ÜVEY BABAM.
SONRA BENİM İKİ KARDEŞİM VAR. BİRİ GERÇEK KARDEŞİM DİĞERİ ÜVEY KARDEŞİM.
SEN GERÇEK MİSİN, ÜVEY MİSİN?

ŞİMDİKİ KIZLAR BAŞKA TÜRLÜ. BİZİMKİ BUGÜN ALİ'Yİ SEVİYOR, YARIN AHMET'İ.
GÖNLÜ DALDAN DALA KONUYOR, GEZİP TOZUYOR.
BİR DÜŞÜNSENE, SEN DE O YAŞTA ÖYLE DEĞİL MİYDİN?
DEĞİLDİM.

BİZLER MAALESEF REKLAMLARLA KANDIRILIP PROPAGANDALARLA İKNA EDİLİP APTAL VE DÜŞÜNEMEYEN İNSANLAR HALİ_NE GETİRİLDİK.
NİYE BÖYLE OLDUK? OLMAYALIM... BUNUN ÖNLEMİ NE?
DÜŞÜNMEK, DÜŞÜNMEK... DÜŞÜNMEK.
YA... MAALESEF!

AY... AY!
Hiiii...
OFF!
ALii SELiN'i SEViYOR... ALii SELiN'i SEViYOR...

AY! BAKIIM ŞUNA BİR.
NE TATLI ŞEY BU BÖYLE!
AMAN DA AMAN!.. ŞUNUN PİPİSİNE DE BAKIN... MİNİ MİNİCİKMİŞ!
HOP... HOP!

EVET. 15 YILDIR EVLİYDİK. İYİ KÖTÜ İDARE EDİYORDUK İŞTE.
SONRA BİRDEN O KADIN ÇIKTI ORTAYA. ONUN İÇİN BENİ TERKETTİ. BENDEN BOŞANIR BOŞANMAZ ONUNLA EVLENDİ BİR DE ÇOCUKLARI OLDU.
GEÇEN AKŞAM ONLARI GÖRDÜM, ELELE LOKANTADAN ÇIKIYORLARDI.
NEE? ELELE Mİ?
İŞTE BUNA DAYANAMAAAM...

DOĞUMA AZ KALDI. ULTRASONDA BAKILDI, %70 OĞLAN OLACAK.
OĞLUMUZU BU ORTAMDA İSTEDİĞİMİZ GİBİ YETİŞTİRMEK İMKÂNSIZ. ÇÜRÜMÜŞ DEĞERLER SİSTEMİNİN ÇÖKMÜŞ EĞİTİMİYLE, O DA SONUNDA DİĞERLERİ GİBİ SIRADAN, KAFASIZ BİRİ OLUP ÇIKACAK.
TELEVİZYONUN BAŞINA ÇÖKECEK, SES VE GÖRÜNTÜ SAĞANAĞI ALTINDA BEYİNSİZLEŞECEK, SALAK BİR ADAM OLACAK
BELKİ DE KIZ OLUR BE ŞÜKRÜ!

KOCAMIN İLAÇLARI.

BU TANSİYON İLACI.

BU ÖKSÜRÜĞÜ İÇİN,
BU DA BÖBREK İLACI.

PEKİ, BU MAVİ HAPLAR?

AY... DUR BİR DAKİKA!
BEN HER ZAMAN, HER KONUDA İÇİMDEKİ SESE KULAK VERİRİM.
VE O BANA NE DERSE ONU YAPARIM.
İÇİMDEKİ SES SENİNLE OLAMAYACAĞIMI SÖYLÜYOR.
SÖYLE ONA FAZLA KONUŞMASIN!

İNANIR MISIN, 30 SENEDİR BU SİGARAYI İÇİYORUM. DİĞERLERİNİ DENEMEDİM AMA EMİNİM Kİ ŞU BENİM SİGARANIN YERİNİ HİÇBİRİ TUTAMAZ.
30 SENEDİR HEP TÜRK KAHVESİ İÇTİM. DİĞER KAHVELERİ DENEMEDİM BİLE. ÇÜNKÜ BU KAHVE-NİN YERİNİ HİÇ-BİRİ TUTAMAZ, EMİNİM.
BİR TEK NERMİN'DEN EMİN DEĞİLİM.

GÜZELİM BENİM..
TATLIM BENİM...
MERCİMEĞİM BENİM...
BEZELYEM
BENİM...
Hi..Hi..
Hi!
KİRAZIM BENİM...
Hi...
Hi..Hi!
ŞEKERPAREM
BENİİİM...
YERİM SENİ
BEN...YERİM!

AYAKKABILARIM "NIKE".
BAK ÜSTÜNDE "NIKE" YAZIYOR.
TIŞÖRTÜM "BENETTON". BAK BURADA "BENETTON" YAZIYOR.
BLUCİNİM "RALPH LAUREN". BURADA YAZIYOR GÖRÜYOR_ MUSUN?
SENİN GİYSİLERİN NE?
BEN DAHA OKULA GİTMİYORUM.

ÇAK!
ÇAK...
ÇAK!